AF400948

آفاقِ نوا

(شعری مجموعہ)

مصنفہ:

شفیق فاطمہ شعریٰ

ISBN 978-93-5872-088-4

9 789358 720884

© تعمیر پبلی کیشنز

کتاب	:	آفاقِ نَوا
مصنف	:	شفیق فاطمہ شعریٰ
صنف	:	شاعری
ناشر	:	تعمیر پبلی کیشنز (حیدرآباد، انڈیا)
زیرِ اہتمام	:	تعمیر ویب ڈیولپمنٹ، حیدرآباد
سالِ اشاعت	:	۲۰۲۳ء
تعداد	:	(پرنٹ آن ڈیمانڈ)
طابع	:	تعمیر پبلی کیشنز، حیدرآباد –۲۴
صفحات	:	۱۰۴
سرورق ڈیزائن	:	قیصر سرمست

اِنتساب

والدۂ مرحومہ
ظفرالنساء بیگم کے نام

کن اُجلے انجلی نے نقوں پر
تابندہ جبیں ہے
دھول بھرے آنگن کا وہ چاند
اک پُر سوز تبسم جس کا
میرے پاس امانت ہے

فہرست

پیش لفظ

سیارے گردشیں کرتے رہیں گے
ستاروں کے اطراف

اور ہم
اپنے ناموں اور سراپاؤں کے ساتھ
تیرے نام
اور تیرے سراپا کی
جھلک لکھتے رہیں گے

شبِ تندے کے آسمان سے
چھپال چھم ٹوٹے پر اُترے ہوئے حروف
یاد داشت یوں
طلوع و غروب کا کھیل کھیلتے رہے
جو لفظ ان کی درو بست سے بنا

اس کا مرکزی روشن نقطہ
اس کا سادہ سہج مفہوم تھا

فنا کا دھڑکا تھا
جس کی لگاتار ضرب
وجود کی روپ ریکھا تراشتی رہی
چاہت کی رُت میں
ارمان کی بے اختیاری کے آگے
بندھ ہاندھتا ہوا
فنا کا دھڑکا تھا
آتشِ دل کو مزید ہوا دینے والا
اڑتے ہوئے وقت کے نشانات
کہیں ایک لمحہ کی شکل میں
کہیں برسوں اور صدیوں کے
پیچیدہ الجھاؤ کی صورت میں
انسان کی رفتار پر گواہی دیتے ہیں
شعور کی سطح پر
اپنا اثبات کرنا
جس کی ذمہ داری ہے

شاعر کا من

کسی ایسے دلیرانہ ۔ ڈھیٹ اقدام پر
لپکا اٹھتا ہے
جیسے کہ
گھاس پھوس اور پتوں سے ڈھکا گڑھا
اپنی پیش قدمی سے پاٹنا
یہاں تک کہ درختوں کے پیچھے سے
سدھائے ہوئے ہاتھیوں کے غول برآمد ہوئے
اب صدیوں تک ہم جو کچھ بھی لکھیں گے
وہ ایسا ہوگا
جیسے صدیوں سے زمینیں
بنجر پڑی ہیں

اختتام

کارہائے ماہ پایاں نارسیدہ
درود و داعِ آرزو ، درماں نہ دیدہ

شفیق ناظم شعریٰ
۲۸؍۱۲؍۸۷

شہرِ نوا

اس گھر دو نواح میں مہکی تھی
وہ نغمہ بہ لَب لالے کی کلی
پتّی پر لپٹی پتّی سر کاٹی
آہستہ خرام سنہری دھوپوں میں
اک پوری رُت کا خم اُس کے
                اَمرت سے بھرا
ایک پوری رُت ڈنڈی ڈھلکانے
پنکھڑیاں بکھرانے کو درکار ہوئی
سب چمن چمن گل حوض لبالب، سائے گھنے
جھونکوں کی صورت کی، رواں دواں

اُفتادہ بظاہر سب راہیں
رہتی ہیں پیہم سرگرداں
سب اگلے پچھلے یگ
سب بستے اجڑتے گاؤں، نگر
شہر نار تھی، نزد و اکسی
پیہم دہراتے ہوئے
وہ بیتی باتیں
جن کا کوئی اُنت نہیں

پیڑھی پیڑھی کا لکھ پہتی
ان راہوں پر
چلتے چلتے تلوے پتھرا جاتے ہیں
سپھر اہٹ
دھیرے دھیرے ہستی کا ظاہر، باطن سب لیتی ہے نگل
آنکھیں ساکت
آنسو جم جاتے ہیں

جب کوئی نہ ہو

جب سایۂ شاخِ گل ۔۔۔ افعی بن کر ڈسنے لگے

ہر آہٹ کے نادیدہ ہاتھ میں چاقو کا پھل کھلا ہوا

رہ رہ کر چمک اٹھے

تب کون ہے یہ

شانے پر نرمی سے رکھا جلنے والا

ایک ہاتھ ۔۔۔۔۔۔۔۔۔ کہیں یہ

غرور کا نغمہ تو نہیں

اک پل سنجوگ زمانوں کا

۔۔۔ نوں کا اور ارمانوں کا

جھرنا بن کر پتھر سے پھوٹ پڑا

یہ اپنی آنکھیں

کتنے دور دراز زمانوں میں

کھل سکتی ہیں

پانی اس چھاؤں کا ٹھنڈا ۔۔۔

پانی میں کسی کوزہ کی تشنگی ۔۔۔

مرہم زخمِ جگر کا

اور کاری اتنا

یہ اپنی آنکھیں کتنے دُور دراز

زمانوں میں کھل سکتی ہیں

سب کچھ دیسا ہی جیسے سپہرِ پُرخم کا

ذی نفس، کشادہ، گرد و پیش

تعمیریں اُجلی اُجلی

جادوں میں

ہر آن اُجاگر، اُدھجل، ارض و سما

اس گرد و نواح میں اُترا تھا

اک شہرِ نوا

وہ ایک شمے کا دیپ، شمے کی آندھی میں

جلتا تھا یہاں

اس میں جتنا بھی شامل تھا

محلوں کا، فیصلوں کا حصّہ

نابُود ہوا

نابُود ہوا جاتا ہے پیہم

قتلِ عام کا خط

لشکر گاہوں کا رقبہ
قریوں کا اثاثہ
پورب کا آہنگ یہ جانا پہچانا
اک نرم تمازیت ، بسنت رُت میں
رچی ہوئی

جب جب میں لالی کھتی ہوں
اک سورج زیرِ خطِ اُفق
محجوب ہوا جاتا ہے جیسے اک عالم
ہو اُس کی طرف انگشت نما
تھم جاتے ہیں پَل بھر کو تو اگر سفرِ نصیب
یہ کس ساگر کی پرورَدہ بدلی ہوگی
کتنی جاں لیوا مسافتیں طَے کر کے اُسے
اِس وادی کے دامن میں ملا
ہنگام .... برسنے کا

؟

شجرۂ تمثال

مٹی اچھوتی

اس میں گندمی ہے

بیلی سلمونی اور رات کالی

جبس بھی ہے کس بھی

اس کی تہوں میں

فولاد کا زور بھی پھولوں کا رس بھی

جوشِ نمو میں شتِ جا بجا سے

باڑھیں منڈیریں   ناپید

پچھلے حدِ افق تک

پچھلے سمے کی لہریں سنہری

یہ گھاس بھی ہے یا دھوپ کا سیل

گھل بل گئے ہیں اس میں ہمارے بہتے نفس بھی

یہ بھاگ والی مٹی!

ابھی تک

اس کا اُگتم ہے سورج کی لال

تتلی کی پرواز

وحشی ہوا کے ریلے میں خود پر قابو نہ پائے
بہتی چلی جا ئے
بے سمت بے سُود
تب اک سنہرا نقّا سا بولٹا
اُبھرے پکارے
اس سے اُلجھ کر کچھ دیر کا پنیں بکھرے ہوئے پر
پھر شانت ہو جامیں
کتنا غنیمت نازک سہارا
اتنی سی اک بات

اندا اس پہ دیکھو
ٹیلوں سے آفاق تک گھاس بن میں
دھیمی سی شورش لرزہ جگائے

پیار بنیوں کو برگد کی تھامے
نمت بن گئے ہم

اس کی جڑیں ہیں گہری زمیں میں

یہ اصلیت ہے

ہم ایک سپنا

سوچوں سے اُبھکے کسوچوں میں ڈوبے

ہم اوس کی بوند

اک پنکھڑی پر رنگ بن کے روشن

زر فام کرنیں

دیکھیں تو چونکیں

(اوہو یہ آرام !)

زر فام کرنیں

پچن پچن سکے ہم کو

برنا سویروں کے آنچلوں میں

ٹانکیں سجائیں

جتنے ہوئے دور

اتنے ہوئے نور

حد فاصلوں کی بڑھتی ہی جائے

کتنا یہ چاہیں

بسرا نہ پائیں

پر بھول جائیں

اک پنکھڑی پر رنگ بن کے روشن رہنے کے سکھ کو

کس زد و کس مشور سے بہہ رہا ہے
بے شناخت کنارا

اس میں تو ہر شے
سیّال بے حال
سمتوں کا الجھاؤ

اندھا ہوا کف
رشتوں کا پھیلاؤ
اُڑتا ہوا جھاگ
بہہ مستی ہوئی رَو
چڑ مستی ہوئی رَو
دریا سے ساگر
ساگر سے ساگر
(یہ بات کیا تھی ؟)

اگلا کنارا
پچھلا کنارا
غرقاب سب کچھ
یہ بات کیا تھی

کیا اس میں سکھ ہے

بے چین جاں کا ؟

دل ایک دیے میں دُکھ کا جوالا

سلگے پکارے

ہم بھی عجب ہیں

دوری میں کامل

بس راہ سے کی اُدھر میں ٹمٹماتے

بے نام تارے

ہم بھی عجب ہیں

پروازِ شعلہ

پھونکے سدا کہ پچھلا نشیمن

رفتار ۔۔

اندھادھند ، اپنی ہی رفتار

یوں راہ مارے "

اک جل پری سی آئینہ رُو لہر

خود میری آواز

گاتی رہی : جل دھونا ہے دھونی

صندل تھے بجھے دوسرے کنارے
ہم زم سے سب کچھ
شاخوں شگوفوں پھولوں کے زینے
خوشبوؤں کے بام
گم گشتہ سلیں
ان گھڑ چٹانیں
جوانِ سے اُوپر اُٹھ جائیں
وہ سکت!

وہ بُت، وہ اصنام
گاتی رہی، "تم ہیزم میں شعلہ"
میں نے کہا پھر
تیرا ثمر کیا؟
کالا دہنواں؟
یا ۔۔۔ سونا پیتلا؟
یہ بات کیا تھی
کیا اس میں سکھ ہے
بے چین جاں کا؟

اُڑتی ہوئی راکھ،

سہونا فتیلا
... باتوں کے بیچ پاک
اور اس دل کی
اک کلمہ پاک

اس کی جڑیں ہیں گہری زمیں میں
شاخوں کا چھتنار آکاش میں گم
ہر ٹیگ کے جھونکے میں نو شگفتہ
سرسبز خوشبو

گھلتی چلی جائے
صاحب نوا کے لہجہ میں آباد
معصوم ارمان ان ہمنیوں کا
دعائیں بستی اطراف و اکناف میں
ہیں بکھیرے

یہ خوش اساسی
امڈا اسی سے
ہایندگی کا امڈاؤ ...
بے انت نامی تسلسل
گونگا ہند ا صاد ھندلا ساک کئی
جیبا تک نہ کھو جے

یہ دوار اپنی سونی گلی ٹوٹی کا
اک ذات ۔۔۔ آغاز اور مُنتہیٰ
اک پورا سراپا
تب تک نہ اُبھرے آواز
تب تک
آواز کی گونج واپس نہ آئے

ہر فاصلے کے پگھلتے جگہ میں
تب تک نہ جاگے وہ سطحِ شیریں
جو اک نفس کی پو رب دِشا میں
دوسرے نفس کی مہندی رچائے

کھیل رتوں کا

اک رُت آئے، اک جائے

ہم رُت رُت پچھوَ نیکیں

کرَدٹ بدلیں سو جائیں

معصوم گلاب پھواریں

بے لفظ تحیّے

با دل چمکیلے سینے

میداں ٹھہرا ہوا پانی

سائے وہ جزیرے دھانی

اُجلی شاداب آنکھیں

بھونرا تو ہنسی فوارہ

پھر دھول دھوئیں کا پردہ

آنا جانا چونکا
اک کھیل رُتوں کا
اپنی نظروں سے اوجھل
اک سیارہ دل اپنا
انجانے کہر میں ڈوبا
عریاں پونم کا
شفاف رقیق اجالا
وہ گھلتے پگھلتے کھنڈ
دہ سناٹا اکس میں پگھلتا
دیکھا تو قلم بھی اپنا
اک دن پگھلا پگھلا تھا

شعریٰ شعریٰ شاید اک
طائر تھا جو چہکارا

دُھند سے دُھند سے غاروں میں
وہ گھومتے بھٹکتے رستے
آواز کے لہرے کو پھر

باہر لے آئے
پگھلتے سورج کے نیچے

سورج کے نیچے جھرنا
ہمہمہ نہ تھمنے والا
روشن پانی کا

بوجھ جھاڑ کا شور ہوا میں
اڑتی ہوئی جگ مگ ٹھنڈی
سیمابی چھلکی چھلکی
سورج کے نیچے جھرنا
کرنوں کے لئے نہ آئینہ

پتھر کے سراپا
ان کی
پتھر نما خاموشی
اک چکنا چور چھناکا
شیشے کا ظرف تھا کوئی

کافر! کافر! سرگوشی

بر ہم سر گرم ہوا کی
کافر! کافر! دہ کچھ
پھولوں کے، پھلوں کے خزانے
اُدنچی شاخوں سے جھکائے
کس نے؟
کیا تنہا تم نے؟

کافر! کافر سرگوشی
باتیں اور کتنی باتیں
جاری تھیں کتنے موسم
بدلے کتنی تقدیریں
تحریریں ان کے اُبھرنے
مٹنے میں اپنا اُبھرنا
مٹنا
مٹتے مٹتے بھی
"ہم" فائق سب سے، کہنا
کہہ کر کھل اٹھنا
اب اک سپنا لگتا ہے

رُت کا جل پگھلا پگھلا

رُت گہرا چل بسرا دوا
اک خاک بسرا آنگن سے
اُگتا ہوا تارا   نغمہ
مہینے کا جو راز ہے کس کا
اپنا نہیں پھر بھی کتنا
اپنا لگتا ہے
اس پر سرد دھنتے دُھنتے
مٹ جائے یاد نہ آئے
پیرایہ مادِ شما کا
یہ کونسی رُت ہے
کس سے
پُوچھیں
کیا نام ہے اِس کا ۔

لب کشا

یہ چپ کتنے دن کی تھی جو آنسوؤں میں ڈھلی
یہ گہری، چٹان ایسی پتھریلی جامد ان دکھی سی چپ
اس کو چھونا بھی ممکن تھا تب

یہ چپ تھی کہ پورا وجود اپنا جو آنسوؤں میں ڈھلا
بتاؤ تو اس چپ کی بھیدوں بھری تہہ میں شور کیا تھا
بتاؤ تو کیا گونج تھی

ایک صدا دوسری سے ہم آہنگ جس میں ردھ تی
جیسے صدیوں کی بے خواب دھندلی شبیہیں
دھواں دھار جلتی چتاؤں میں گھر کر تڑپ تی اچھلتی ہوں
کہتی ہوں تقدیر برحق ہے 'برحق ہے ۔ زندہ ہوں
ہم آہنگ گردش ستاروں کی ہے

پِٹ گئیں جو فضاؤں میں لکیریں پرانی
وہ ہم پھر سے جا رہے ہیں ' پھر سے جا رہے
سب حدیں ان کی پیمودہ یاں
مگر اپنے خواب و حقائق کا سیلِ عظیم
کوئی لیک اس کی بنا دے

مگر ۔۔۔۔ کیوں ؟
کبھی جو بنا دے بھی کوئی تو سوچو
ہمارے قدم اور لیکوں کا رشتہ کہاں تک

کہ اک حد پہ مٹ جائیں گی وہ
تو کیا ہم بھی تھم جائیں گے ۔۔۔۔۔۔؟
ہم تو بڑھتے ہی رہتے یاں
چلا ہے وہ زلزال ہو جو ہمکتا نظر آئے
چاہے اک سوچ ہو جو تراشے چلی جائے بے شور دشمن
سیہ دہشتوں کے پہاڑ

سزاوارِ رفتارہیم
اور ہر اک گام پر پا سنبھالی دہ اپنی ہو یا دوسروں کی
تاسف میں اور سوگ میں ایک جیسی ہے اپنے لئے

سفینہ تھا بھاری تو کیا کیا نہ کچھ پھینک ڈالا

مژہ سے ٹپکتے ہوئے قطرۂ اشک کا ہار

خوابوں سے خوشبو کا بوجھ

پھر جو ترے بھی ہلکی گلابی ہوئیں

رندھی نئے میں گاتی رہیں ، دل دکھاتی رہیں

کوئی ہم سے پوچھے

کہ اب وقت کیا ہے؟

تو ہم کہہ اٹھیں " اک صدا"

ہم اس میں کہیے کھو گئے

اب صدا پر بھی تعزیر کیسی

صدا دو ۔۔۔۔۔۔۔

کہ اک بول کی پیاس اپنے گلو میں جلائے

کھڑی ہے ستم کش تمنا کنارِ فرات

❖ ❖ ❖

ارضِ موعود

وعدے کی زمیں نہیں آئی
وہ اُونچا شکر جو سب نظر دل میں گھرا ہوا ہے
بے پروا، معصوم، اٹل
وہ گہرا ساگر جس کی تھاہ میں
اپنے سوا کوئی نہیں
وعدے کی زمیں نہیں آئی
نومیدی پتھرا دے نہ کہیں
بے تابی جھلسا دے نہ کہیں

کھو جائے نہ خود ہی کھوج کا گھائل پنچھی
۔۔۔ اڑان کے ساتھ اندھیاری گھاٹی میں
ہم ہیں تو یہی غنیمت ہے
ہم ہیں تو زندہ ہے وعدوں کا اگم
موجوں کے بعد ابلتی موجوں کا دھارا
جو فراموشی کے ریگستاں میں بہتا ہے
اس کی راہیں پہلے ہی سے مقرر ہیں
اور ان سے ہٹ کر کوئی راہ نہیں
سنگین سیج کی پتھریلی زمینوں میں
ارمانوں کا زریں کہرا بکھراتا
سیج کے سوتوں سے پھوٹتا رنگین مجھوٹ
سیج کا ساگر کھوجتا ، شیریں مجھوٹ
ابیلے نڈر سپینوں کا بہتا گاتا جل
اس موڑ پہ اپنی منزل سے بھی فرزوں تر ہے
پھر اپنا دوکشی ہی کیا
ایفا کے سورج رچ کبھی بچھل جاتے ہیں
وعدوں کی لالی میں گھل مل جاتے ہیں
ہنگام طلوع و غروب سے دور
دن بڑھتا ہے نہ رات گذرتی ہے

بہتے ہیں آبِ جو اسے شوخ و رسیلے
اور گدما رتے دُھند دیکھے جیسے بسنت
وعدے اَن گنت کھلا کرتے ہیں پھولوں میں
چمکا کرتے ہیں ستاروں میں
دھڑکنوں میں سانسوں میں
اک سماں سُہانا چھایا رہتا ہے
دھرتی سے آکاش کے بیچ
دل سے آنکھوں تک
۔۔۔ ازل ابد کی وسعت میں

رُت مالا

نیلے بھورے پربت تجھ پر
برکھا موسم موسم برسی
تجھ کو بہا نہیں پائی
آندھی مٹکرائی پہ اڑا نہیں پائی
دھوبیں پگھلانے کو بڑھیں
تب بدلی چھتر بنی
تب شیتل شام آئی
نیلے بھورے پربت

ہم تب بھی آزاد تھے
اب بھی ہم آزاد رہیں دل شاد رہیں
پابندی گر ہو تو ایک ادا ہو
اپنی ہی منمانی ادا
ہٹھی ضدی سدا رہیں

بر باد رہیں تو بربادی اک پنچھی
ہم صیاد سے یہیں
ہم تب بھی آزاد تھے

ہم پاکھنڈی جنم جنم سے بہتے تھے جیسے تیز ہوا
جو کچھ اپنی راہ میں آیا ہم نے اس کو ساتھ لیا
ہم نے سوچا تم جائیں گے تھام کے تم کو
تھام کے تم کو اد یخی ٹہنی سے توڑیں گے گلاب
تب تک ہم نے سوچا تیسری روی کا
ہر ارمان ہو پورا
تیز روی کی لاج رہے
ہم پاکھنڈی ......

دھند میں ڈوبے بھیگے جنگل راز بھرے آواز بھرے
دام بچھاتے ہیں گنجان درختوں کے
مکتی مکتی !
نہیں نہیں ــــ یہ نرم ہوا
اس میں گھلا ملا ہے انساں اور خدا کا دل

نرم ہوا آنکھوں کو بند کئے دیتی ہے مِلے راحت سے
اور ستارے نیلمبر کے کتنے روشن ہیں
مکتی مکتی!
نہیں نہیں ۔   یہ نرم ہوا

دُور کہیں تاریک ڈھلانوں میں جادوگر زہر پکاتے
کالی پہنائی دیگوں میں
سیبیں ایسے کانٹوں والی ڈھانچہ ڈھانچہ شبہیں
غاروں میں جنبش کرتی
ان کے آگے چلتی نیلی پیلی آگ
دیکھ کے جس کو ہم دہشت میں پڑے
ہم بجگتی آنکھیں بھی ہم اڑتی نگاہیں بھی
ہم سب سے گہری تھا
سب ہی انگتوں سے پرے کا انتق
ہم سب شکم دِلدے اور سنجا شکم
دہشت میں پڑے
دور کہیں تاریک ڈھلانوں میں

اور سدا کی
نگھلے پگھلے گلابوں کا جل چھدکاتی
بسر ادے کی نرمل جوئے شیرِ سی
چمکیلی دھارا بہتی ہی رہی
سنتے سن سن سب بانزک بجھے
سب کھاد بنے
اور سنہری دھانی نقشوں والی دھرتی ابھری
پاٹ گئی تاریک ڈھلانوں کو
سارے نشیب یہیں قد آدم
اوپچے بنفشوں میں ڈوبے
بسر ادے کی نرمل جوئے شیرِ سی چمکیلی دھارا

بہتی ہی رہی

اور بہار آئی
وہ شیریں کپا میٹھا رس
جو اس دھانی نازک بیل سے ہم نے پایا
اپنے خم میں اس کے جوشش کو دیکھ کے
ہم حیرت میں ڈوبے

تازہ گلوں کا شہد دلوں سے لہجوں سے

آنکھوں سے چھلکا

اور بہار آئی

۵۵۵

بازگشت

نغمہ زارِ دردِ کی جانب چلے ہم
ایک بھی ذرّہ نہ کچلا جائے اس رفتار سے
نغمہ زارِ دردِ کی جانب چلے ہم
کیج میں پیڑوں کے سورج جھانکتا تھا
کوہساروں سبزہ زاروں میں جھمکتی روشنی کا جشن تھا
جشن جاری ہی رہے گا تا ابد
جاری رہے
نغمہ زارِ دردِ کی جانب چلے ہم
لعل و مرمر سے گندھا تھا قالب

اور اس کے ماورا اس کے قریب

بجلیوں جیسا مصفّیٰ اک وجود

چار سو بکھرے ہوئے خاموش سوئے آسماں

ہم کہاں ہیں ہم کہاں ۔ نغمہ زارِ درد ہے یہ (ہم کہاں)

اتنے بے آواز جیسے

آستما اپنی شعاعیں

ریشے ریشے سے بدن کے کھینچ لے

آہستگی سے بے گزند

اور دوری بے فغاں ہو جسم کی اور روح کی

کیا شبک رفتار کر دیتی ہے ہم کو بے دلی بے حاصلی

جیسے اک بادل کا ٹکڑا

اپنی چھاگل چھینک دے اُڑ چلی فضاؤں میں

پیاسے درّوں کی طرف

پھر ہلکے پھلکے پنکھ پھیلائے اُڑے

ہلکورے سے لے

اک مٹھی بنتی رنگ کی تحریر سی

سیراب دیدہ سے اس کو دیکھیں

اور پکارا تھیں

وہ کافوری سا شعلہ عظمتِ نارس !

دوامِ درد ہے وہ سُرخ نُزمل رکشنی

(لو سانس کے سر چشمے سوکھے ہر شکایت مٹ گئی)

کیا شکایت سانس کے سر چشمے سے ان کو رہی

جو سانس لیتے ہیں یہاں؟

موجِ بے ہنگام خندہ

کیسے پھوٹی میرے لب سے

کوئی شکتی ہم میں ہے؟

جو یوں ہمیں پامال پا کر ہنس سکے!

یہ ہمیں آغاز ہی سے ختم کرنے پر تلی تھی

چاہے پھر خود ہی مجا در بن سکے انجام کار

احتجاج اس کا بجا ک شکتی ہے مجھ یں

کس قدر پرُ شسور ہے

کس قدر پرُ زور ہے

نغمہ زارِ درد سے آگے لئے جاتا ہے مجھ کو

ان فضاؤں میں جہاں

بازگشت اک گیت بن جاتی ہے اس کی

جیسے سب شیلے چٹانیں اور کہستان

سانس کے چشمے میں شامل ہیں

دھڑکتے ذی نفس اور ہم نوا

٭

شب نامہ

یہ ابرِ پاروں، ستاروں کا سائباں دھندلا

سراغِ رحمت کامل یہ اُو نغمت پہرا

نظر وراں! یہ بتاؤ نظر سے کیا پایا!

کرن سی یہ کہ جو کرتی ہے آر پار نفوذ

سکوت فاصلہ، بے کنار توڑے بغیر

غلا نورد ہم آہنگیوں کا اُبھاوا

ہنر جو اس کو بنایا ہنر سے کیا پایا

وہی تحیر بے مدعا ، وہی دوری
پکارتی ہوئی بیہم قبولیت کی گھڑی
جو مل گئی بھی تو کچھ مانگنے کا پیرایہ
کہاں سے لاتے اسی دن کو دھیان میں رکھ کر
ریاض و مشق سے کچھ مانگنے کی عادت کو
جو بارہ بارہ برس پختہ کرتے رہتے تھے
ہمارے پرکھے ، وہ بھکشو غضب کے دانا تھے

تو پھر چلو کہ نظر اور نظاروں کے مابین
حجاب جتنے بھی ہیں شان بے نیازی کے
انہیں اٹھاتے ہوئے جان کی اماں مانگیں،

تو پھر چلو کہ ابھی وقت ہے، اندھیرا ہے
نشیمنوں میں شکر خوابیوں کے عالم کو

صدا نکلتے ہوئے دیکھتے دکھاتے چلیں
ملے دَرِ دل درد آشنا تو دستک دیں
وگر نہ فاصلہ رکھ کر سوال دھرا ایں

بلند بام سماعت سوال سُننے سے
نہ سیر ہو، نہ پسیجے، نہ اشتعال میں آئے
یہ تارُ بن، یہ بُلندی کا ٹیڑھا میڑھا عالم
یہ جھنڈ جھنڈ ہنتے اپنی چھتریاں تانے
خود اپنے اوج زبوں کے خطوط کج رج پر
کبھی قبیلہ کے خم، تا سنے حلیفوں نے
خفیف چھپاؤں طلب کی تو بے دریغ ملی
نصیب عنیں نہ کچھ تا سنا نہ کچھ پانا
ہر ایک گھونٹ جو ہو کر کرا کشمدہ بہ دیگ
نصیب غیر ہو یارب، نصیب خویش مزے

نئی نئی کسی اُفتادِ بیا یہ منظر!

چھپا کے رکھ دے جو نسلوں کے بعد نسلوں کو
بہت دنوں سے یہ جاری عجیب صورتِ حال
سرشتِ کہنہ کا ، اپنی ہی منتہا تو نہیں
سوال اک ان سے جو اوَ سخپا نہیں ، ضرور کریں
جواب بھی بہ اشاراتِ رائیگاں مانگیں

ہوا کے شور سے بیدار ہو کے دل کی الاپ
ہوا کے شور میں پھر گم سی ناشنیدہ سی
چٹانوں تک بھی پہنچتی تو بازگشت کی گونج
کبھی تو ملتی ۔۔۔ انہیں منقطع وسیلوں میں
کوئی ہنکارا ، کوئی عکسِ منتشر سرِ موج
کسی بھی موڑ پہ درماندہ کھوج کی خاطر
گرِ پڑا کوئی موتی شکستہ مالا کا ،
ملے نہ ملے پھر بھی ڈھونڈ نا ہمے ضرور

اکیلے بن کی بکھرتی ہوئی نمود جیسے

ملا ہے گہرے سمندر کا خود کلام نشہ
جواز اس کے لئے ساحلِ تمنا کا
شناخت کے لئے اپنی کوئی نشاں مانگیں

؎

امیرِ جامعہ ۔ ذاکر صاحب کی یادیں

فسوں گزیدہ چُپ کی رِسل

شکستہ ساز خامشی

گزشتہ کل کے ناگزشتہ آج کے

عجیب مرحلے

عجیب ان کا زہر اور عجیب تر

یہ خوں گرفتہ درگلو

جگمگا گداز خامشی

کہ چاہتی ہے مجھ کو باشش باشش کر دے

اور خود کو تمامتی ہوں لیں

شفاعت، اپنے دور سنگ بار کی

بعید صبر آزما فرازِ جہد پر

شرف کے دلربا لقہ خامشی

درد مند دل کی لَو میں

جگمگاتے نور نور

شناگری نگاہ نغمہ در پہ

یہ قسم میں تھی سو قرمن ہنگی رہی

وہ جگلگاہ دلبری کی اک اداس ہی

کہ جھک گئی جبیں

ذرا سی بات تھی جیسے بٹھا دیا ہمارے پیار نے

ہزار طلا دلوں پہ ایک کیفیتِ کسی

جیسے موم کے مجسموں میں لہر برق کی

گذر گئی

علم جھکا؟

نہیں نہیں

کہ آفتاب جلسہ گاہ حشر و نشر کے قریب پھٹ پڑا

نہیں   نہیں

گمانِ بد

نشانِ بد اتھا سہ بہ پیار کا

اٹوٹ قول کا قرار کا نشانِ بد

گمانِ بد، گمانِ بد سے ماوراء

گہر بہ چشم عفو کار لنواز خامشی

....

نواحِ جامعہ !

چراغِ درگذر، بُجھا ہوا دہ

پھر جلا ـــ کہ شام ہو چکی

....

شفیع الاُمم

مرے دل میں کیا ہے

وہاں سرو قامت چٹانیں کھڑی ہیں ابھی تک

جگر تاب دوپہر میں

وہاں آئینہ ان کے فشایانِ شاں ہے تو سورج

وہ شاہد ہے اُن کا

دی جانتہ ہے مرے دل میں کیا ہے

وہاں ان چٹانوں کا سایہ بھی باقی نہیں ہے

جہاں وہ چٹانیں کھڑی ہیں ابھی تک

ہیولے دہ پس ماندہ اُن کے عزائم ہیں شاید

جو یوں چاہتے تھے

کہ گردھ بن سکیں

پشت ہا پُشت کی زخم خوردہ اَنا کا

ہر اک ضرب جس نے نچوڑی ہے آہن دلوں سے گراہ

مری رُوح کے نشود و شیہوں میں بکھرا گئ

جھٹتی رہی اپنے خوں ریز جتھوں کے ساتھ

قفنار مفصل قافلوں پر سدا

وہ بن ماں کے ہر نوسٹے جب بھی گھرے

اِن سیہ فام عرتک اہٹوں میں

تو بھر خوں چکاں مرگ آشام اک کھمیل

تا دیر جاری رہا

نہ بتھریلے کھنڈ میں اُتر کر لرزنا

نہ چھپنا دیکنا گھنی جھاڑیوں میں کوئی کام آیا

وہ شاہی کا زرّیں بگولا
جو پھر تارہا بجرو بر خشک و ترکے پرچھے اُڑاتا
اسی کے تو زرتاب ذرّے ہو تم
تم نے سوچا یہ اکثر

مگر تم نے سوچا نہیں
تب کبھی تم صرف پیادے تھے
تب بھی

کوئی اور تھے شاہزادے
غریبی میں پالا تمہیں ماؤں نے
پھر زمانے کی گردش ہوئی تم پہ جاری
رگوں میں لہو بن کے جو دوڑتی تھی
وہ بس مدعے کی لاج تھی
اور نادار پرکھوں کی پوشی دیانت
رگوں میں لہو بن کے جو دوڑتی تھی
اسی سے تو پارس بنی دھول ان کی سدا

خاک میں اٹ کے کندن سا چمکا سرایا

بلوطوں کا بن

زو میں دزنی کلھاڑوں کی آ تارہا بارہا
اور تنے جیسے اُفتادہ مینارِ آہن
پڑے تھے ہر اک ذمہ داری سے بے فکر
کتنے دنوں تک انہیں اُن کی جا سے
ہلا نے نہ پایا کوئی
وہیں دُور دُور سے نزدیک سنتے بلوطوں نے سیکھا تھا جھکنا
بلندی کے انجام کو دیکھ کر بھی
بلندی کی جانب لپکنا

نہ نسیاں میں کوئی مداوا
نہ آنکھوں میں گھلتی ہوئی نیند
پیرایۂ رحمتِ رب

اب اس دُور اُفتادہ رقبے میں
نیلا ہیٹ آسماں کی
جو واحد شناسا ہیں
گونگے دلاسے کو اپنے زباں بخش بھی دیں
تو کیا کہہ سکیں گی

وہاں ایک زنبور نے باڑھ کے پار منڈلا کے دیکھا
تو رس اس نے کچھ بھی نہ پایا
اس نے مجھے لوٹ کر یہ بتایا
دہ اپنی ہی مانند ہیں تم و یہو
فرق بس ہے تو اتنا
کہ تے جو بہت خوبرو
منکرِ آمنہ بن چکے

کبھی یوں بھی تھا جب
ذرا جھک کے کچے گھروندوں سے نکلتے تھے باہر

وہ ہنس مکھ سویرے وہ شاداب نصف النہار
تو سر سبز پگڈنڈیاں دھوپ میں ڈوب جائیں

اُدھڑتے ہوئے پیرہن سے
جھلکتے ہیں تانبے کے شانے
توأن کی دکھن چیخ چیخ اٹھتی ہے

یادداشت !

صلیبوں میں اے سب سے بھاری صلیب !
کہیں اس سے بہتر یہ ہونا
کہ خم شہ رگوں کے وہیں کھول دیتے
اگر وقت نوروز بنتا ہمارے لئے
تو اقوامِ عالم کی ہوتی یہ باری
کہ دھوئیں سدا کو عذابِ حیات

اگر جنسِ بازار ہوتیں مرادیں

تو جاں کے عوض مول لیتے
مگر کب شکستِ عزائم سے ہوتی
چکا چوند عرفانِ حق کی
جو مہ و سالہ شب زندہ داری سے ممکن نہیں
بہت یُوں تو دانا تھیں بینا تھیں آنکھیں
بہت یُوں تو دانا تھیں بینا تھیں
دارا تھیں گیرا تھیں آنکھیں
سکوں کی گھنی چھاؤں تھیں درد مندی کا دریا تھیں
صدق و صفا کا ذخیرہ تھیں آنکھیں
مگر یہ پہاڑی کے دامن میں پتھریلے کنڈ
نہ جانیں اُبلنا' مچلنا نہ شورش میں ڈھلنا
تخیل کی شاموں میں گہرائیاں
اور گہری ہوئیں اور گہری
کبھی ہلکی ہلکی گلابی سنہری
کبھی ارغوانی الاؤ
چکا چوند عرفانِ حق کی

"یہ سچ ہے کہ پچھلے برس مینے

تو نہ پیدا ہوا تھا

یہ سچ ہے کہ اس سطح بر تر سے

جس پر ہموں میں ایستادہ

نشیبی کناروں کی جانب رہا ہے بہاؤ

مگر یہ ترے کیف و کم سے فزوں تر

مرا کیف و کم

اسے بھی جو چھب ملا سکے اب تو جھٹلا

اچانک نشیبی کناروں کی سمت ایک جبتِ سیاہ

کھپلیوں میں دبے نزر خرے سے اُبلتی ہوئی سرخ آہ

اور پھر کچھ چھپائے ہوئے استخواں

آخری یادگار

سدا بھیٹریے نے اسی لہجہ میں بات کی

یہاں تک کہ اک دن نشیبی کناروں کی حد میں وہ آیا

تو حیرت سے دیکھا کہ ننھا سا اک میمنہ

کانپتا تھرتھراتا وہ ہے خود بدولت

کبھی میمنے کو بھی قسمت نے اک سطح بر تر نے

خنجر صفت ناخنوں سے نوازا

بدلتے ہوئے موقفوں کا سیہ روز پہیہ

رہا گھومتا کورد کر بے ضمیر

بلا زن دمغل دیر نا پیہم
ہجومِوں کو رو ونڈ سے گیا
اُٹھی، مرحمت رو لینے ایک اشکوں سے بوجھل گھٹا
اور لاوا اگلتی زمینوں پہ اک دم بخود سائباں بن گئی
سکوت اس کا با دیدۂ نم پکارے
نہیں عدل عدل !

ہزاروں دلوں میں دبی ہوک
زلزال کا روپ دھا لئے
ہزاروں بُریدہ زبانوں کی کیفیتِ بے زبانی
کئے جائے پیہم اشارے " نہیں عدل عدل

اُجالا ہزار آنکھوں والا
گراں بار اجرام کی باگ تھامے
دلِ ذرّہ بے فنا کا جرا حت شناس

اک تحکّم تأسّف سے عاری
فنا کار پاداشس گیر
ایک فرماں، اٹل، ہستی و نیستی کی اساس
اک منادی ندا جس کی ہے القصاص القصاص

پھر وہ سِل سنگ باری کی کمنے
بڑھے کون پاک آستیں سب سے آگے؟
خموشی ___ ؟
خموشی نہیں ___ !
چشم پوشی یہ بازی نہ ہارے!
مشینوں کے مدِ مقابل مشینیں ۔
درندے جراثیم عفریت ___ حشرات کی نسلِ نو
یا فنا یا عدم ہم ۔۔۔ ؟
کہ پھر ہم ہیں وہ جو من و تو سے ہٹ کر ہے
دارائے ہمت
ہمیں ہیں ہماری نمود دگر صبح تاریخ روشن ہوئی
ہمیں ہیں ہماری نئی آفرینش

کوئی دوست اس کا نہ بھائی پتامہ ، نہ شاگرد و اُستاد

موج در موج دریارِ وانی سے آباد

میں نے کہا کون ہوگا وہ دامِ علائق سے آزاد

دل نے کہا ، شہریِ شہرِ امکاں

وہ ناوکِ فگن

تیرِ جس کی کماں کا ہے ٹیلا

کبھی مانگ بیٹھے جو خونِ جگر اس کا اپنا

تو وہ سمت جو اس کی ہستی ہے

اس کا نشانہ ہو

اس کا ہدف لعلِ ناب ——

اسی سمت کا خون روشن

ہم آہنگِ آئینِ گلشن

اسی سمت کا خونِ روشن نگارندۂ روزگار

رنگ آہنگ کے پہلے سویرے کی لال

اسی سمت سے آشکار

اسی سمت کو کھوکے دھارے نے رفتار کھو دی

تبھی سے پیراگندہ قطروں کو

پامال سبزے پہ

شبنم نصیبی ، بلی

یہ بھول بھل میں ڈوبے ہوئے شہر، قریے
کبھی ان پہ رم جھم نہ برستی ہماری پکار
کبھی ایک انگشتری ایسی ہوتی
نگیں اس میں ایسا
کہ تابع ہو جس کے کوئی جن
کہانی کے الفاظ جیسا
تو پھر اس پرانے جوالامکھی کے احاطے میں آباد
پیارے مقاموں کو شہ پیر لگاتے
قریبی سمندر میں
بہتے جزیرے بساتے
گھڑی ڈوبنے کی جو آتی
خوشی سے قریبی سمندر میں ہم ڈوب جاتے

پھر وہ جھنکار اٹھتی
دور میلوں مسافت پہ لہراتی ناگن سیاہ

آج مدّت کی بعد خموشی بھی بن کے پانی

تو یہ فیض ہے کس کی گردِ قدم کا

"تمہیں میں کچھ ایسے بھی ہوں گے

کہ جو پا بہ زنجیر

لیجائے جائو گے سوئے بہشت"

کسی بھی پہل نے

دوبارہ نظارہ

انہیں بھولی بسری فضاؤں کے

کچھ جانے پہچانے مانوس عکس

دیر تک کا اپنے آنکھوں کے خونِ نابوں میں

یہ اُن ہونی ممکن ہوئی بھی

تو اس ذوفنوں کے ساتھ

پیش قدمی کے خطّوں سے

پسپائی کے منطقوں سے بہت دُور

بکھرا ہوا ہے کئی صدیوں کا سازو ساماں ۔

ورثہ دودِ محکومی و شاطری

کتنا بے اشک رونا

ہمارا تمہارا سبھی کا ۔

ایک ہی جگہ خوارِ تکرار ۔ غدّار غدّار ۔

دوکِش و فردا فراموشی کاری کے اوراقِ خفتہ میں لپیٹے ہوئے
لحن و اصوات
صحرا کی راہوں میں بے ادب شمیمِ سحردم
بھٹکتی ہوئی لاکھ پیروانوں کی دُور دُور
اور اُس پار ۔۔۔۔
کتنے کوہستاں درے وادیاں ریگ زار
اپنے دامن کے پالے شگوفوں کو
بے اُنت بن باس پر بھیج کر
دُھندلی آنکھوں سے تکتے سوتے رہگذار
شعورِ ناقوس خوں در گلو
اور ندیوں کے تٹ ایک گُم قسم پکار
ہزاروں برس درخشنوں کا سویرا
ہزاروں برس کی شبِ انتظار !

گجر دم کے گاڑے کہر میں سٹرنگی بناتی ہوئی
پچنگ الجھن کی بڑھتی گئی
نیم خوابیدہ آنکھوں پہ ٹھنڈے سے چھپا کے لگاتی رہی

بیخ ہوا

جھمر جھمری ایک تن من میں جاگی
تو شعلوں میں لپٹا تصوّر کا کنج نوا

پھر دوبارہ اُبھرنے لگا
شبنمستادہ ڈوبا ہوا دھند میں
راکھ خواب پریشاں کی اس پر بکھرنے نہ پائی تھی
سبزے پہ اس کے اُترنے پایا تھا فردا کا سایہ سیاہ
دُور تیزی سے نیچے سرکتے ہوئے
کھیت میہان جنگل

اندھیرے کے بھاری لحافوں سے نکلے
مؤذن کی آواز از پوری طرح جاگ اُٹھی
پہلے بجلی کے کھمبوں پہ روشن ہوئی فجر
تاروں پہ بیٹھے ہوئے طائروں کے

پروں میں چھپی رنگ رکھائیں
جھلکار اُٹھیں

اک ندی پل کے نیچے جو چمکی
تو نام اس کا کیا تھا؟
شرابوری جان دل!
کچھ شکستہ سے میناز

کچھ سنسانی سی اک عید گاہ

دیں ایک لڑکی اُبھر آئی نادان وحیراں

اُٹھائے ہوئے جَل بھری ایک گاگر

ہوائے بیاباں کے ریلے میں تلووں سے تمامی زمیں

سنبھالے وہ اُڑتا دوپٹہ اب اپنا

کہ دہراتے بالوں کو باندھے عزیب

اکیلی ہے جیسے علامت

اسے میں نے آواز دی :

استقامت !

تبھی اک سادھورا اکتے نرم تاب

مکمل نمودار خطِ اُفق سے ہوا

اک گھنے پیڑ نے اس کو دل میں اُتارا

تو جگ مگ کا چشمہ ہُوا دل سے جاری

شبِ رفتہ کی تیز آندھی میں بکھرے

نشیمیں کے تنکے

اُٹھا تاریں تن بہ تقدیر معصوم چڑیاں

پردوں میں سمائی ہوئی برق

پیردوں میں پارہ

اسی پچھلی ٹہنی کے اطراف

بجتا رہا شعور کا جَل ترنگ

ہوئی تیز جب رعد کی گرگراہٹ

تو گانے لگے شکر

وہ زمزمہ سنج رنگیں پتنگے

کہ آخر گلی کوچوں کے گندے بلووں سے ہو کر

یہاں تک تو آیا ہے وقت

کر ٹکرائے چقماق چقماق سے

اور طغیانِ خوں کے عوض

چاک دل سے اُبل جلکے

یورپ کا آہنگ

شاید تم بھی

جو تمہارے مقابل یہں شانہ بہ شانہ کھڑے تھے کبھی

میرے آنچل کے سایے میں ان کے لئے

پھول ٹوکریوں کے ہہکے
تو میں کتنی اونچی اٹھی

بھائی میرے ۔۔۔
سمندر کی تہہ کے سیہ پانیوں میں دبی
اک صدا کا حباب
ٹوٹ کر مٹ گیا سطح پہ نشور پر
دھوئیں نئی نشر گاہوں کی دھو نئے چلی جا رہی ہے
خبر پہ خبر

سنسنی تہلکہ دھوم دھام
دل میں اک گدگدی سی ۔۔۔ شماتت
زباں تک پہنچ کر رہی
ایٹمی بیڑے کی گھن گرج بن گئی

یہ دنیا! یہ دنیا!
اسے تم نہ سمجھے
نہ سمجھو گے آتش بجانو!
گھنے ابروؤں میں چھپی برق
پیہم چمکتی ہے
بے سمت بے جہت تکتی ہے دیوانہ وار
دیو ہیکل مشینیں فضاؤں میں پر مارتی

خاک پر رینگتی ، ہیچ پوچ

آج فولاد پگھلا
بھڑکتے ہوئے سُرخ بھٹّی میں
ارماں اسرارِ جوشِ جنوں

ممتا دُودھ دھ خوں
جا نکنی کا ادھورا ناٹہ جب بھی ٹوٹا
تو پیسے گیا ہوش و احساس کو بے دریغ
دُور بکھرے دُھوئیں کو نگلتے ہوئے
کھردرے اور نم آلود پتھر کا لمس
جذب ہوتا رہا جسم و جاں میں — نہیں !

— نہیں، قلب چیخا
زباں، ہاں، کا انگارہ بن کر
جہاں جل بجھی
نہیں ! —   اور انتہائے کون و مکاں
خون سے بھر گئے ۔

اُفتاد گاہیں نجوم کی

گرتا ہے اندھیرا
دھنواں اگلتی رفتاروں کے بعد
وہیں تاروں کے قریں
منظر بھی کرچ کرچ بکھرے
نظریں بھی کرچ کرچ بکھریں
یوں اپنے آنگن میں اتری
وہ ماہِ مئی کی جُھنّی
اپنی کھیتی میں اپنی
دہر کی من مانی

ہم ایسے بے روپ
کہ پھر جو روپ ملا وہ اوڑھ لیا
شام امروز شبِ رفتہ

صبح فردا
پہناوا بنفشوں کا
اترن بن کر اترا ہوا

پارہ پارہ مٹ میلا
کس چاؤ سے خود کو پہنایا
اک فصل کے بعد کی فصل
پیرازہ: کھاد کا ڈھیر
ہم کھپ گئے، جس میں تھا یہ دُہی جینا

دن الحمرا ایسے ترشے ترشائے مستحکم
سایوں میں پھیلے آہوں میں پگھلے
اب پچھلے قالب کی چاہت میں جان کھپانا
ہو جتنی تعمیم اتنا شرمانا کہا
ملا لیتے ہیں تعمیم کو گہرے گہرے خلا
پھر ان کو پاٹ نہیں سکتا کوئی بھی کبھی
تعمیم کو جس چھلنی سے چھانو
مو ہو می چھنتی ہے سدا

بھٹکے بے چہرہ بے کفِ پا
جیسے سرگرداں معتزلہ
پُر جوش فطانت سایہ و سبزہ و آب سے عاری پگڈنڈی
کھائی میں مڑی اور ڈوب گئی
پھر جان نہ پایا کوئی اس پر کیا بیتی

لو سانس بھی آہستہ
یہ شیشہ گری کی کارگہہ نازک افتاد
ہو جائے نہ درہم برہم
ہم ڈرتے تھے
اپنے قدموں کی جنبش سے سہل انگار
اک ذرہ بھی پامال بجو ہو
تو نہ جانے کس کا لہو آبلے
گردشِ فانوسِ خیال کی تیزر ذرا
معمول سے بڑھ کر ہوتی
اور جھگڑ میلہ میں دیں مچ جاتی تھی
سب رنگ دھنک کے گڈمڈ
دھنکے ہوئے اڑتے پھرتے
ایسے میں اکثر چھوٹ گیا

دامن اپنے ہاتھوں سے اپنے اپنے سراپا کا
تب ان کا تختہ الٹ دیا
اس دہر نے جو بن کر جامِ ایام
گردشِ کرتا آیا ہے انا نوں میں

سب تیزتر ہر یلی شجر حجر ذرے اجرام
سب جزو و کُل ہیں مگن
اور اک ہم
ایک انیک کا گم ستارہ
اس گرد و نواح میں کون آئے گا دوبارہ
سب اڑتی اڑتی اوپری باتیں
اپنی اینٹوں پر اینٹیں
گارے پر گارا رکھتی جائیں
سیمرغ تھکے ہارے
کہتے ہیں کوہِ ج

قسمتوں بھرا چھلاؤ گھنا
اک شہر فصیل کے پار ملا

اک ٹھوس اکائی اپنی ٹوٹ

تابنے کے تاروں سے جڑی

یہ ایک مشین ہے دعادت پُرزوں کی

جب تک چاق و چوبند میں چلتے ہیں

دریہ نہ چھٹی

ہم سر بہ فلک تعمیردں کے معمار

پسینے ہوئے سے میعادانھیں کے بوجھ تلے

تب ایک

انھیں کمزور دروں میں سے

جو بر داشت کی حد سے آگے بڑھ کر

بوجھ اُٹھاتے نہیں

اک چیخ بنا

جا ٹکرایا

اس ہاتھ سے جو ہستے پر تھا

خود کار کسی جنبش کا دہ ہاتھ

مامور تھا تیزی سے حرکت میں آجلانے کے لئے

ایسے قدموں کے خلاف

جو جلتہ چاک کے ساتھ نہ چل پائیں

تب آنا فانا وہی قدم لغزش کا شکار

زمیں سے اُکھڑا

اور دامن پہیے کی لپیٹ میں آیا

چکرایا چکراتا رہا

چرخی چبرخی خونِ ناحق کی نمی دوڑی

اک لوتھ زمیں پہ گری اور سرد ہوئی

پھر لوتھ پہ لوتھ گری

گرنا جاری ہے

دھرتی لعل کی کان

چھنتی ہے رندھی رندھی لالی ، مدہوش جنونی ہنسی

اُسی کہنے بے دردِ سیاہ خلا کے شگافوں سے

گنتی کا یہ گیان نرالا ہے

جب اسرائیل کے بیٹے

اپنے تلخ نواؤں کو

مقتل کی جانب لے جاتے

جب کوئی جھٹلاتے اپنے یکتاؤ

تب نیزوں کے نرغے میں گھری

بے سپر دلیر صداؤں کو

سننے ٹیلے پر بیٹھا

اور ان کی گونج کے ساتھ سفر

قرنوں کا
زمانہ طے کرتا
تب جاکے کہیں
پہچان کے جھرنے کی شورش
سنگستانِ جاں کی تہہ میں

انسان بھی سن سکتے
بے گنتی آنکھوں میں
تب پیڑھی پیڑھی
برکھا رت کی بستی بس جاتی

چاہے دیر سویر ہو
اور کٹرے کوسوں کی دھوپ
سہ نفسِ واحد
آخرکار
آہنگ اک موج کا
سب موجوں کی دھڑکن میں بس جاتا ہے
پھر ان ہونی کی خبر!؟ اود آنکھوں نے کیسے خواب بنے
اک طالع روشن
آفاق اعلیٰ پر چمک اٹھا

کیا یہ بھی سفرِ مَب دار ہوگا مطلع ہوگا

اِن آنے والے سویروں کا

جو زیرِ نمو ہیں ابھی

آوازِ قلم کے چلنے کی

دیتی ہے دہائی 'ادب! ادب'؟

یہ راہِ سفر

ہو پائی نہیں طئے

چال سمے کی چلتے ہوئے

گذری یہ شعبِ ابی طالب سے

طائف کے

سنگ افشاں باغیچوں کی طرف

جب لہو لہان تھا وقت ایسے عالم میں بھی

آنکھوں میں بسا تھا وہی رو کشنی چہرہ

جگمگا رہے ہیں جس کے پر تَو سے ہیں غرب و شرق

کتنے دن بعد

ہبوطِ آدم سے

کتنے دن بعد

آ گئی تھی وہ رات

بے ریب بدیہی مسیح کی نشانیاں

روشن جس میں

اک ذات سرا پا چاہت آدم قد سرگرمِ سفر

منزل بھی اس کی ذات بے ہمتا

وہ تابِ نظر معصوم نیاز آ گئیں

ہنگامِ قرب

سرمستِ قیام ، تقدم انسانی لافانی

جب سے اک فصلِ ادب کے ساتھ وہاں

تب سے بھی یہ دردِ اناکی

بے میعاد دکھن

اک فصلِ شہادت کی میعادِ نبی

اقصیٰ تا سدرہ شارعِ عام ،

رواں رشن آباد نبی

تب سے ہر بازِ اشہب نے

پایا اپنے شہپر کا جواز

؛

بہتا پانی

اجلے اجلے تناور تنوں پر تھے نخلِ زار
منتشر ان میں سیماب گوں نو دمیدہ ہلال اَن گنت
بیکرانی کے شفاف زینوں پہ وہ
فاصلوں کا بھرم بستیاں دُور دُور
آب گوں اک دھند لکے میں لپٹی فضائے خواب گوں
اور نظر کی پہنچ پست و بالا میں لے روک
میں نے کہا
کن کے ناموں سے منسوب ہوں گے
یہ تکئے قدیم
شائبہ سا اک احساسِ رفتار کا
اپنے ہونے نہ ہونے کا بے سود دھیان
اچانک کہیں اک درندے کا بَین

وحشت آلود ۔۔۔ بدمزہ بوالملتاسس کی

تیز جھونکا سا پھرتا اُڑان

جھاڑ جھنکاڑ کے درمیاں

پر بچاتا سمٹتا گذرتا ہو!

اک تعاقب کی دہشت

کہ ہضم جا

کہیں اوڑھ لے اپنا روپ

ایک ضرب مسلسل

نمودار ہو جا

مگر ہے کہاں جو

نمودار ہو اب

کہ ہم اس سے عاری ہوئے

یہ بھلا دیا

پناہ گاہ انفعار کا کوتاہ دامن گڑھا

کتنا پا یاب تھا

جب وہ مٹی نم آلو داب تک

دہ افتاد گاہ

علم دار کی

یں نے پہچان لی

کیسے پہچان لی

گرم چھونے میں اب تک وہ سیسج
اور زائل
شبنم سا احساس کا
رونگٹا رونگٹا چشم بیدار

اور پانی ہی پانی
جہاں تک نظر جائے پھیلا ہوا
ڈائری
میسر پر دکھوں کی روداد
جل تھل زمیں
آسماں کے سوا اور کوئی
تدم رکھنے کی جا نہیں

تیز رفتار بجھ
سٹرک پار کرنا کوئی کھیل ہے
اس کا سایہ بنی میں
ابھرتی ادھر اور ادھر ڈوبتی

فجر کا الاؤ

نگاہ سے پنہاں الاپتے ہوئے

ہزارہا پرند

الاپ ان کی کوٹتی ہے نُور کے ورق

سُرور کے ورق

الاپ ان کی پوچھتی ہوئی

کہ وہ الاپ

جو بدلتے موسموں کو پیرہن عطا کرے

کہاں ہے ؟

نیمند بند کھڑکیوں کے اُرزنوں سے جھانکتی ہے :

— وہ یہاں نہیں

یہاں نہیں کہ آج اور کل کے درمیاں کا فاصلہ

شمار اس کا

اپنے صرف کردہ اندھنوں میں لکھ چکا

وہ نادہند
اور نادہند سے تقاضہ کیا ۔

پہنچ پہنچ کے دُور تک
اُجبل رہا ہے
جل رہا ہے نجر کا الاؤ
دُور دُور تک
کہاں سے پگھلی رہا

گچھا گچھا یگوں کے دائرے
گچھا گچھا یگوں کے دائروں میں
بن گھنے کہ جن یں جھٹپٹا
کیپسویوں کے ساتھ ساتھ تھا سدا مقیم
جل رہے ہیں
جل رہا ہے نجر کا الاؤ
سگندھ اس کی اتنی گہائی اتنی تیندھ ہے
کہ سیلی سیلی یہ سگندھ ہے لہو لہو ۔

سٹرک کے کنکروں پہ
چاک گھومتے ہوئے
اداس شمرنیوں کے
جاپ سے نہ رُک سکے
دراڑ پڑ گئی تو پھیلتی چلی گئی ۔
اِدھر کسی کو وقت کا پہاڑ کاٹنا
اُدھر کسی کو
جنبشِ مژہ سے
گاؤں گاؤں بکھرے مرقدوں کے بیچ
فاصلہ تھا پاٹنا

چراغِ چشمِ نم
کسی بھی شام کے نواح میں جلے
کسی بھی یاد کے
شکستہ طاق میں بھڑک اُٹھے
سدا وہ زیرِ خاک
راہ ڈھونڈتا ہوا چلے
مگر سُراغ اُس کو بس کے تو صرف اِس قدر

کہ دُور
جان و تن کے مادمن کے فاصلوں سے دُور
سطحِ بحر پر
گہرا اُچھالتی ہے صبح شاہوار ـ

یہ قہر جو ہمارے درمیاں رکھا گیا
یہ قہر ـ
کس غضب کا ناگزیر
یہ فصل
جس کے بعد قربِ دل پذیر
اسی کی آڑ سے تو رُونما ہوا
جو از خندہ ہائے بے بہا کسی کے واسطے

کسی کا بھولپن
کہ جس کی کوئی انتہا نہ تھی
وہ میرا اپنا بھولپن ہے
اُدھر وہ نُور نُور رتجگے
دُعائے مستجاب کے
اِدھر وہ نیند
اُس کی باڑیاں گھنی

چمکتی اوس سے بھری پُری
دبیز دُھند اُس کی
ششش جہت سے گر رہی ہے

ہر صواب و ناصواب
منظرِ کشادہ باب — نیند
میری اپنی نیند
کروٹیں بدل رہی ہے
چشمۂ ازل اُبل رہا ہے
جل رہا ہے فجر کا الاؤ

؛؛؛

والدہِ مرحوم کی یاد میں

نرمل میٹھے پانی کی تلاش

وہ مراد ہم

کہ جھونکا سا کوئی سبز رِدا تھا

جسے دیکھا

کسی پھہکار کی خُشکی بھی فضا میں جو بکھرتی

تو یہ کھلتا

کہ ابھی کھوج ہے آغاز ابھی کھوج ہے سرِپرواز

کبھی یوں بھی ہوتا ہے کہ ہو کھوج یہی

راکھ کی مُٹھی میں دبی ان بجلی پتی

وہی معمول شب و روز

کہ بیداد ہی کا بیداد ہے

رندا جو لگا نار رہے پھیرتا اپنا
تو پہ ہر زاویہ ہموار
پہ ہر زلا یہ چھل چھل کے گوارا
کہیں ہو جائے نہ بے ساختہ فریاد
یہ دھڑکا کا سا بنا رہتا ہے دل میں !

وہ تنے ٹوٹ رہے ہیں
جو قدم تھے جو بھرم تھے
کہ کوئی لفظ نہ پایا نہ کسی لفظ کا مفہوم
جو پانی کا بدل ہو
وہ تنے جھجھان کے خاموش تہیں خاک کی
خاموش تہیں آنسوئے افلاک کی
لوٹ آئے وہیں
اپنی سسکتی ہوئی پیمودہ جلدوں میں
یہی آثار فضاؤں کے کھلتے بین سے مزاحم
جو گندگاہ میں سیلاب کی ہوتے
تو کسی موڑ پہ مڑتے ہوئے
شبنم کا نم و نرم کچھ نا انہیں ملتا

تو دو صد اندیشہ عناصر وہ گلے بیج
ذرا دیر کو بہو سہاتے وہیں ڈھیر مزے میں
کنف سیلاب میں الجھے ہوئے سنغاشاک میں پوشیدہ
وہ جستہ جستہ کے بہم
چین سے سوتے
کہ ابھی دیے ہے اعلان سحر ہونے میں
اعلان سحر پہلے سنے جو بھی سحر خیز
وہ اوروں کو بھی جاگ اُٹھنے کا
پیمان فراموش شدہ
یاد دلائے
یہی کلیوں کے تبسم میں گھلی یاد دہانی
جو ٹھہر جائے سماعت
تو سماعت کے لئے ایک انوکھا سا دھماکہ
یہ مرا وہم شگونی مری زنجیر
کوئی اندھکار اُتر آئے جو پایاب گمانوں میں
تو پایاب گمانوں میں
اُتر آتی ہے گہرائی یقیں کسی
کوئی سیاہ سے سہارسی جھلکار اُتر آئے
جو ٹھہرے ہوئے پانی میں
تو ٹھہرے ہوئے پانی میں

روانی کی مشاہد
مری آشفتہ نگاہی

وہ کہاں پھر بھی مگر لہر تلے لہر کی تعمیر
کہ رہے جس پہ جگر تشنۂ تمنا بھی گواہی
وہ جو اک سطح گریزاں مایہ ہے
اک قعر بلا خیز
اُبھرتا ہوا اللہ
اُترتا ہوا غواص
جہاں وہم نہیں
زندہ و تابندہ حقیقت ہے دل آویز

کوئی ہیرے سے کنی سمی کہ یے طینت میں سرشتہ
کبھی آواز کی نو بن گئی
آفاق بہ آفاق پلٹتی ہوئی اوراق
کبھی چھنتی رہی آنکھوں سے پیہم صفت اشک
تو بدلتا ہوا رستہ
تہہ دریا سے دہکتی ہوئی بالو میں

نکلتا ہوا رستہ
جسے دیکھا

وہ مراد ہم نہیں میرا یقین تھا
کوئی بوٹا جو کھڑا ہے
تو یہی کام ہے اس کا
کہ خود اپنے کا پتہ پوچھنے والوں کو بتک
جو غلاؤں کا عقب ہے
وہ خلا کب ہے خلا کب

جو دہاں بھی
ابھی کھلی کا کنارا ہو
کسی دوسرے امکاں سا جھلکتا
گو دہاں بھی دہی پھیلاؤ چھلکتا ہے چمکتا ہے
سحر رنگ دھند لکے میں
سمے چشم تجلی کا خنک تاب تلازم

تو جگر سو خستگان دو جہاں
کون ہے پھر کھوج میں سرگرم؟
یہ تم؟

گھیرے کے لائے گئے تم ؟
یا وہ نظرِ منزلت آرا ، نظرِ صاحب کوثر ہے
کہہ ہے گمشت میں بیدار ؟

بس سے دیکھا
وہ اشارا اسا کہ ہاں جو ف عدم
جو ف عدم میں بھی جو ممکن ہے
خود آرائی کے عالم میں یہ فیضان کا عالم
تو یہ حیرت کا ٹھکانہ نہیں
ٹوٹے ہوئے آئینو
یہ جوڑ جانے کی منزل
یہ جلا پانے کی جا ہے

جادۂ رسائی

(نہج البلاغہ)

بڑھتے ہی رہو

گو سخا سنانا

جامد کا لکھ پچھتا رہی ہے شررِ شرر

پیچھے مٹرنا پتھرا جانا

اس راہ کا ہر پتھر

رہ گیر تھا اپنی ہی مانند

اک دورِ گذشتہ میں

پیچھے نہ مڑو

بڑھتے ہی رہو ویسے بڑھتا ہے کیلا سخت ثمر
بڑھتے بڑھتے اکتانا نہیں تھک جانا نہیں
بڑھتے بڑھتے پا لیتا ہے اک دن رُت کا
شیریں مدھ مانا کیف ۔۔۔ کھلا
دہ دروازہ
جو اب تک نا معلوم رہا

اندھکار کی تھاہ میں اک پورب
پلٹا ہوا جب
شاخوں پر رینگتے کیڑے سے
ارمان سے پھوٹ پڑا
تتلی کے پنکھ کھلے دھیرے دھیرے
اُجلی چمکیلی خوشرنگی
لمحے کے قالب سے چھلکی
پھر لا محدود سویرے سے دہ ہم آہنگ اُڑان اُس کی

دامان صبا کرنوں کی ہیرا
تھامے ، ان اُنگتوں تک جن کے

آگے درکار نہیں رہتا
دامانِ صبا کرنوں کا سہرا
کوئی بھی وسیلہ بڑھنے کا
بڑھتے ہی رہو

صدہا دو سہی دو ہزار سہی
کوفہ کی چٹانیں گنتی ان کی لاحاصل
تب اپنا سایہ اپنا ہم رفتار سہی
چلتے چلتے ان راہوں پر
وہ روپ سجیلا لافانی
اقلیم غبار کے پار ہوا

جب دن ڈھلنے پر جانِ پدر !
ہنگامہ بیت چکے
ہوں فولادی شم رو اندر ہے
بکھرا ہوا رختِ سفر
بازو شہپر مشکیزہ علم

چقماق کے پتھر تیرِ کمان کتاب قلم

باری باری آئے نیزوں کی اَنیوں پر

بڑھنے کی

در بستہ ہر سمت مگر

جنگاہِ شام کی سمت کشادہ رہے

آباد یہ جادہ رہے

سلامت سبوچہ ترا ساقیا

ازل بھولا بسرا سا اک خواب ہی
سہی
بند اک باب ہی وہ سدا کے لئے
مگر بار ہا
حرفِ حق لوحِ جاں سے مٹایا گیا جب
بہ انواع جبر
ازل ہی وہ مصرعہ اُٹھانا ابہ تک جسے ناگزیر

دھماکے سے پہلے کی اک سنسنی
بنی امتحاں گاہ میں
خوف و دہشت کے ہمدوشی اک ذمہ داری کا بار

یہاں ہم نہ ہوتے جو امیدوار

تو ہوتے کوئی اور اپنے ہی وہ ہم نژاد

زمیں آسماں فخر سے، اور غبار اپس دَپیش ہم

دیکھتے ان کو کس رشک سے

سوالات پیچاک سے ارتقا رکے جوڑے سے بے شمار

وہ حل کر رہے ہیں

فطانت میں شامل دیانت کے ساتھ

ستاروں کی تقویم کو کس نے دیکھا ہے

لذت کشِ انتظار

جریدہ میں ثبت اپنے نام

جہاں دیکھ پائیں گے

سطحِ وجود

وہ ہے دور کتنی

جہاں جسا کے عالم تمام

ترا میکدہ سا قیا

ابھی آب و گل یں گندھی

اور ابھی پردۂ غیب سے جھانکتی یاد داشت
بہت اس نے دیکھے طلوع و غروب
بہت پیشہ ور سچ کا پھیلا ہوا کاروبار
جرائم کہ جن کے تناور تنے
یہ فنی مہارت کی اک برتری
اور وہ پادر شہر
مکافات کی ان کے سر پر جو رُت آ گئی
ستوں درستوں تھا دھنواں اُگ رہا
ان کے تھالوں کے بیچ

نتیجہ کی فہرست سے نام کتنے
کہ بجتا تھا ڈنکا کبھی جن کا
ہو کر رہے لاپتہ
نہ کوئی دھماکہ نہ کوئی جھماکہ
نہ دنیا دلہن
پکر کہ جبکہ کہ جلالی گئی
قلم کے نوشتہ سے پنپا ہوا خواب زار
دیا جلتا ہے سر سبز

کھویا قلم نے جہاں تک نہیں اعتبار

مگر پاسبانِ مفاداتِ صید

قلم نے جہاں لکھ دیا عرفِ صیّاد کا

وہیں شاخِ زیتون

گلدانِ آرائشی کا اثاثہ بنی

قلم کو بچا

حرفِ حق کی سزا

بھگتنے کی خاطر سدا

ساقیا

سلامت سبو جبہ ترا

٭ ٭ ٭

فدائیت نمودِ خواب

'فتیلے گل جھڑا ابھی دے تمام کا تمام گل'

'فتیلے تمام خود کو تھام'

مگر فتیلہ نیم قمیرہ دائرہ

کہ کھوہ کھوہ رینگتا ٹوٹتا رہا سبیل

جہت جہت پسی ہوئی سی راکھ راکھ سہمناک بے تہی

ہر اک پکارا اضطرار' اضطرار زیرِ لب کی

ضرب' ضرب رائیگاں

نہ سنگِ بستہ جوف کوہ شق نہ دل کو

پیستی

سلسلوں کی دار و بست مطلعِ فلق

تبھی دو بین مائِ وطین حرزِ جانِ آدم قدیم ارتسام

جس پہ پو پھٹی

درود

اور درود ہی وہ صخرۂ دوام جس پہ پو پھٹی

مطاف گاہ طائران آشیاں بہ بادِ خانماں بہ باد

مرحج سلام

من قبلہ گاہ

چمکتے سلسلاتے سرخ شہپروں کی تازہ کھیپ

پھرا ندبیل دی گئی

انڈبیل کر بھرا پرادہ دام پھر سبک کمند

پھر سے اک زقند لوٹتی ہوئی ہے بھر رہا

طویل سایہ شاخسار نخلی زار سے کٹے ہوئے وہ پنکھ

ڈھیر ان کا امتہزاز پُرِخمار نسل نسل روتا ہوا

مگر شناخت کے نگیں جڑے وہ تاج

برطرازِ آفتاب

ستائے

شوخ و شنگ ان میں پُرِ شہاب

بینش و کشش کے سب کہاں گئے؟

ہزارہا آلۂ کہر یا صفت ردوں سے لیس مسمرائز کمرہ

فضائے درسطہ سے رہیں جو جھک گیا تو

ناگہاں جھکاؤ کا نہ بھانے مدعا ہے کیا

نکل کے اس سے چھوٹ سی

حیات اور موت کے تلازمے کی چھوٹ

پڑ رہی دیں ہے اب بھی خاک بینی

جہاں تماشن ناخنوں کی

اک ہلال ریزہ بھی

قسم اٹھانے کے لئے بچا نہیں

وہ ذی حیات تاب ریز دُھاریاں

بہ کار خویش تیز دست بند

تماس میں جو ان کے آ گیا وہ چن لیا گیا

غنائم شکستہ کی شکستگی سے ختگی سے

پُور چُور

بساط دید اور بھی بسیط اور بھی بسیط

محیط یک نفس سرانگاہ کا

اُلجھ کے تار تار ان ہمالیہ بدکشش عمارتوں سے

پے بہ پے اٹھان

جن کی ہمہ ہنوز اب بھی اٹھ رہی

فراز در فراز رنگِ پاشش روپ کار کو بچ

پھر رہا ہے خود کو پھیرتا ہوا

ہدف ہدف زلالِ نرم دھوپ سا

چھلک چھلک کے رپ رہا ہے سلسلے نئے نئے

تواتر اس کا گوبج گوبج اک سرور

لا الہٰ لا الہٰ غیرِ حیٍّ لا یموت

غیرِ حیٍّ لا ینام

وہ لاشریک سے اپنے کام میں ہمارے کام بھی

جو گوند دھنے پہ مائل رہنا ہوا

تو گوندھتا چلا گیا وہ بدر کا احد کا کرب لاکا

اک سلسلہ بہار سلسلہ

تو ردینہ ردِمہ جھلملائے اشتکِ تاب

پالنوں میں خواب آبشارِ جست

پھولتی شفق کی چوٹیوں کے پار

پل رہے ہیں نغل باتحجنگ کا شعور

اٹھ رہا ہے دور

ارغنوں نفس

گہر گہر پسینہ میں پسیجے عنبریں مشام

بیٹھے رہتے ہیں

گلاب گلاب گردنوں پہ سرخیاں کھلا
زرگداختہ
ڈھلک ڈھلک کے لمعہ بار
تو پھر بتاؤ تازہ وارداں

اصیل
کسی کا رعد در صہیل
فصیل فیصلہ کے دن کی لانگھنے کو بے قرار

صاحبِ زمام کے ثبات کا
ثقیل کون راہوار
تو پھر بتاؤ تازہ وارداں درود
ہم ہموں بھرا ہے کس کا
زیرِ ظلِ عرش زمزموں بھرا
تو پھر بتاؤ انتساب
فتح باب کا قلم ہے لکھ رہا
تو نام کس کا نام جس پہ یو پٹی

؏